La Chouannerie Normande

Ce récit sur cette période de l' histoire controversée ne prétend pas être la vérité historique. De multiples essais ont déjà été rédigé

.

C' est donc « ma » rencontre personnelle avec la chouannerie au Mans par la personnalité singulière de mon dernier directeur départemental qui m' inspire ce récit. Ni véritable roman, ni livre d' histoire non plus.

Cependant l' histoire de la rébellion de catholiques des campagnes , curés en têtes continue a rester sous jacent dans les milieux catholique intégristes et royalistes ne serait que par la présence de leurs châteaux dont beaucoup sont encore habités

,toute en bénéficiant d' aide au titre des monuments historiques alors ceux qui sont habités ne sont que très peu ouvert au public

Les châteaux de la chouannerie qui existent
 encore ou de la guerre de vendées sont pour leurs riches propriétaires un produit de défiscalisation que l' on peut trouver très

injuste . Le déficit des travaux se déduisant de leur revenu , les exonérant d' impôt alors qu ils sont avocats , industriels ou hauts fonctionnaires.

Vous le constater si le récit comporte des références à l'histoire c' est en rapport avec les réalités d' aujourd'hui

Elle comprend la période de la fin de la révolution et termine sous napoléon
la volonté d' incorporer plus d' hommes par départements pour l' armée qui fait face aux anglais provoque un tumulte des campagnes et des curés nombreux a cette époque de tout l' ouest de la France

Commencée en vendée par la guerre de vendée elle se propage dans la Loire atlantique (le mans par exemple) , la mayenne d'où est issu le sieur jean Chouan et s' éteint après d' âpres combats en basse normandie

La Vendée est célèbre dans l'histoire de France pour les guerres de Vendée durant la Révolution. Elle vit en effet s'affronter paysans insurgés (les Blancs) et armées révolutionnaires (les Bleus) pendant plusieurs années, en un conflit qui fut la cause de centaines de milliers de morts et qui marqua durablement la mémoire vendéenne.

Il faut toutefois dissocier pour partie le territoire de la vendée militaire qui s'étend dans les bocages du sud de la Loire (sud de la Bretagne, sud de l'Anjou et un grand quart nord-ouest du Poitou avec Cholet pour épicentre), du département de la Vendée basé et conçu à partir du Bas-Poitou. Il faut aussi dissocier les Vendéens

des Chouans, la chouannerie étant au nord de la Loire. Vers la mayenne et l'orne

Les catholiques , paysans et curés remportent de nombreuses victoires et s' emparent de nombreuses villes telles que Cholet

C' est donc la suite de la guerre de vendée qui s' étend sur le département de la mayenne , ou vécu jean chouan et atteindra une partie de l' orne pour se terminer dans un grand combat à verneuil sur Avre

On sait que jean chouan sera abattu dans la mayenne sans qu' on sache précisément dans quel village

Il faut relater le combat violent face à la cathédrale du mans ou les vendéens subirent une défaite importante

la chouannerie n' ira pas jusqu' à Caen bien qu' il y avait de nombreux catholiques intégriste royalistes . Les royalistes et catholiques qui ne voulaient pas combattre les anglais apportèrent leurs concours sur Flers la chouannerie n' est donc qu' un épisode de la guerre de vendée , des nobles et quelques braves paysans enrolés à la messe par leur curé

La chouannerie sera toutefois un moment particulièrement cruel et violent , fourches à fumier bénie par les curés locaux contre une armée de la terreur avec des épées !

Elle part de la ville de mayenne remonte dans l' orne et c' est en cela qu' elle est dite normande
par Domfront , en passant divers châteaux royaliste remplis de curetons ; La plupart des descendants de curetons y sont encore installés

Jean chouan n' était pas un noble mais plûtôt un pauvre type aiguillonné par la croix du curé et les nobles locaux !

 De son vrai jean Cottereau Surnommé « le gars mentoux »
(*le gars menteur* en patois mayennais).

Remontons donc de Mayenne à Domfront en poiraie et dirigeons nous comme le recommande
l' asso Retraite3000 rendo en forêt et châteaux que j' ai interrogé sur ce sujet qu' il connaît bien
Puis dirigeons nous vers Flers à moins de 25 kms ? C'est dire que le territoire est modeste et que les quelques châteaux y participèrent très activement

faisons une halte asse édifiante à la sortie de domfont au manoir dit de la lyonnères. Les descendants y sont toujours présent .

Ils ont été fan des rois, votèrent pour pétain et seront ensuite le même Pétain en récompense prefet en dehors de l' orne

Beaucoup se sont rachetées une ,conscience à bon marché et militent dans des partis légaux et ils n' évoquent pas le ,passé de leur ascendants alors qu il en partage toujours et totalement leurs valeurs

L' histoire est le passe , le Précent,et indique l' avenir.

je connais bien deux sosos historique les propriétaires de ces châteaux , qui sera tour à tour Préfet ,Trésorier général ou Administrateur des Finances publiques qui s' apelle Dugage Tiers (nom truqué)

Les Royalistes Catholiques sont ils tous devenus des vauriens ! Non bien entendu ; simplement il en reste un poucentage important

L' un d' entr' eux issu du château est proviseur X famille de l' autre X d' un établissement bien connu pour militantisme son militantisme catholique intégiste à rennes , on se rapproche

Je dois dire e j' ai aussi rencontré le créateur de l' histoire d ela vendée au pyu du fou

Ici je dois bien admettre que cet ancien secrétaire d' état à la culture était cultivé et convivial ; j' effectuerais dans le sud de la france quand il était candidat aux présidentielles il y a une vingtaine d' année sur sa proposition de survoller le sud ouest en montgolfières ; Il était et reste brillant et cultivé

1. Toutefois sa place ne pouvait se trouver a la tête de l' état . Son score fut aussi modeste ,que celui que j' obtiendrais comme candidat socialiste dissident sur Tonneins s

Si celui là ne mérite pas de mépris capable d'échanger avec des opinions très éloignée de ses idéaux ; amis de Bertant Renouveau il appellera à voter finalement pour Mitterrant ; comprennent qui pourra ?

je ne pu échapper aux petites blagues quand la montgolfière perdait d el' altitude mais c' était totalement dans danger ! Je croisz que je fus un de se rares détracteurs à avoir accepté la balade

En définitive il m' invita à ller voir lepyu du fou gatuitement car il n' éatit pas un rat et pas spécialement radin alors que dans le milieu Orléaniste il le sont plus que n' importe ou
 Cependant je du refuser :
« vous voudriez pas que je prenne la fourche d' un paysan envoûté pour la planter dans le ventre du curé » même si c' est un spectacle heureusement .

Les autres avait ils peur ??
En tous cas

Philippe de villiers pour ne pas le nommer répondra « le sang coule en effet pour faire vrai« mais tout le monde est vivant à la fin

Si je me permets de le citer c'est que celui là est bon exemple ! Nous ne patargerons pas la montgoglfières ni le resto , mais simplement un moment franchement convivial voir amical . Nous avions des propos parfois différents alors que notre idéologie et nos positions aux antipotes .

Je crois que l' un et l' autre se reconnurent dans le mot Valeur ! Et la Valeur Humaine n' a pas de religion , n' a pas de niveau d' études ,ni de partis politiques
 Si nous avons Sympatisé ce jour là , c' est que cette valeur était dèja devenue rare et c' est à cela que les valeurs qu' on pourraient qualifier d' humanistes universel

En effet , j' eu aussi d' avoir un entretien peu banal , de mêm avec Un * Administrateur général des Impôts ? C' sur' alençon , 6 mois avant son décés d' un cancer terribles ; C' est dire ! Mais pas une exception !

I Si je le voulais je vous ferais vider sur le champs mais si je vous reçois que l' Humaniste se reconnâit , je savais déjà que vous avez rater votre carrière dans la boutique pour cela évident que c' est que vous « êtes un braillard « et qu' hélas pour se rendre compte illico de votre humanistes , il faut percer la carapace.

Bien entendu les ptits chefs dès qu 'ils sont caporaux ne connaisz sent que la vanité et la volonté plus d' être super « chefs «
 Moi je sais laisser tomber , pas vous , c' est évident, autrement vous ne sereiez pas ! Et surtout pas de compasssion , je suis un peu comme vous , tout compte fait ,

Je sais parfaitement qui à mots suçurés souhaitent ma mon décés rapide , sans avoir le temps d' attendre
un tant soi peu, Je n' ai pas besoin d' aller à la citée pour entendre , mon cancer ne me rend pas sourd ! Vous vous brailler , eux mumures , On entend dans les cas

Essayer de mumurer , enfin !
C' est plus dégueu, ! Toutefois
si c' est la max de hypocrite, je
préfère encore un braillard ,
mais je sais qu' un homme
comme vous , les loups
désirent le dévorer et il y a
bien lontemps que c' est fait.

En effet je fûs bien vu dans mon premier poste de la fonction publique et cité en exemple dans le début du contôle des chomeurs. Les grands chefs qui avait l' âge de mon pére, ancien administrateurs civils dira « Ce n' est pas fait pour vous , les impôts .

Ici on se soucie de ce que valez vraiment et non vous êtes pas fait , en bref ici curieusement un homme vous êtes fait pour faire carrière dan sles 10 ans !

 A mes débuts , à votre âge , je vous ressemblais fortement et ici c' est le cas de la plupart des vrais cadres

Aux impots , le sais , les salaires , le primes sont plus élevées ! C' est vrai mais il ne leur faudra pas longtems pour vous que vous y soyez pris en grippe et salement !

Vous n' y ferez pas carrière et vous allez tous les jours souffrir comme le plus mauvais agents et bienheureux si ils ne virent pas en route !

Ce fût le cas en effet , les périodes à l' école nationale des Impots , je me pl;aisais bien ,rue de momorency, et me sentaistrés bien avec un petit groupe dont je garde une relation amicale encore maintenant a presque 70 ans !

En dehors des quelques années à montmorency comme contrôleur élève , puis comme élève Inspecteur ma notation fut du même tonneau ! Tout alla pour le mieux et les bonnes primes en sus

Cependant , cela était sans doute inévitable et la véritable entrée au mode en service car pour beaucou p ce n' est pas le Travail

Toutefois , je me vois encore m' emporte sur le départemental de la rue de montmorency au point que lui même en perdra ses nerfs disant Je vous donne ma parole , nonpas celel du Directeur , visiblement vous êtes allegique au mot chef ! Peu aurait le courage de défendre a ce point « bon dieu !
« un camarade de l' école

Je vous jure qu' on va être humain mais en CAP car vous êtes ici plus libre en délégué d' un syndicat estimé ici aussi et auquel moi aussi membre.

On ne sera pas inconvenant , on va pas le jeter à la rue ! Non le licensiement pour mauvaise note n' est que théorique ! Il existe bien d' autres solutions .

Toutefois ,je ne peux pas même en CAP révélé son dossier, autrement qi il connaît notre matière moins qu' un âne. Je ne peux pas en dire et c'est pour cela soit bien clair

Enfin en CAP que je préside mais dont vous êtes membre suppléant , je n' ai pas le droit moral de vous en dire plus !

 Et je sais si vous n' aimez pas le « Directeur « depis laé naissance je crois comprendre je sais que vous m' appréciez chez moi l' Homme . C'était le cas !

On va trouver ici une solution sous réserve de mon accord en

définitve du sien car encore faut il qu' il l' accepte

Redoublez ! Cela a déjà été fait ! Une troisième fois je n' ai pas le droit , Bon vous ne pouvieez pas savoir pas plus que ses notes de redoublement ! Je n' ai pas le droit de le mettre dans les services

Comme agent « pour le tri « heu comment vous dire sans trahir je ne suis pas,sûr que lui ou sa représentante
 l' accepte ! Pas simple d' être Directeur en restant humain ! Enfin j' essaye ! Mais c' est de l' argent public aussi dont on parle ici , précisément à l' école des impôts !

Si un jour vous avez des difficultés n il avait des dons de prédictions ! Non j' ai des années de métier ! Voilà !

« calmez vous , je vous crois , je comprends

Pour en revenir à nos mouton , Jean Juan n' était qu' une canaille , abattue pour la cause dîtes des chouans dans la mayenne !
 Devinez pourquoi on n' a pas indiqué l' endroit !

En effet ce n' étais qu' un voyou mais utilisé par les curés et les royalistes de la guerre de vendée qui connût à cette époque un vrai massacre limité à l' ouest de la France

L' armée de napoléon ne faisait pas de cadeau au royaliste à la fin de la révolution avant que louis XVI fut rentré au tuilerie pour finir sous l' échafauf

En Qualité de Dictateur facisme , Napoléon ne valut pas un copex de plus que LOUIS XVI . L' homme devenu roi sans savoir pourquoi n' était pas le plus mauvais des royalistes le monde n' a gère changé presque trois siècles plus tard !

C'est pouquoi on en parle encore ! De la Jouannerie et de Louis XVI car leurs sorts sont liés !

D'une manière générale, la plupart des personnages présentés dans les principaux spectacles historiques du parc sont Français et défendent leur village, leur royaume, la monarchie ou le catholicisme face à des ennemis venus de l'extérieur

Le parc évoque entre autres le thème de la guerre de Vendée, événement marquant de l'histoire de la région, en mettant en avant de manière romancée certaines figures royalistes du soulèvement vendéen comme les Maupillier, le général de l'armée catholique et royale du Bas-Poitou et du Pays de Retz François Athanase Charette de La Contrie.

Je cite :
D'une manière générale,

la plupart des
personnages
présentés
dans les
principaux
spectacles
historiques du
parc
sont Français
et défendent

leur village, leur royaume, la monarchie ou le catholicisme face à des ennemis venus de l'extérieur l'histoire de la région, en mettant en avant de manière romancée certaines figures royalistes du soulèvement vendéen

comme
les Maupillier,
le général de
l'armée
catholique et
royale du
Bas-Poitou et
du Pays de

Le château de la bérardière fut unn hau lieu de refuge pour les officiers de la guerre de vendée dans la chouannerie normande .

Ce château et ses terres firent l' objet d' un leg particuliers par les royalistes de caen au profit des descendants de Beamarchais afin de ne pas diviser les terres .

Ils en ont
toujours les
propriétaires
actuellement .

Leur rénovation alors qu' ils ne l' ont jamais acheté est largement financée via les réductions d' impôts afférent aux monumenst historiques et les produits des locations des terres qui étaient auparavant en métayage

Par traditions les YX Dugage , royalistes excercérent des fonctions les plus hautes de la républiques via les grandes écoles alors que descendants notoire de mouvement royalites

Beaucoup furent amiral , députés , Cardinal. administrateur généraux de l'état , èléve de l' ena , de l' école des ponts et chaussées , des écoles militaires

Ils continuèrents et continue d' être des privilégiés du régime bien que celi çi est qualifié de Répubicain

*
En définitive ce sont pour beaucoup , après la révolution et l' épopée napoléienne , les royalistes qui ont installés la république pas à pas .

LOUIS XVII
étant assasiné
dans des
conditions
obscurs après
avoir été confié
pour une rente
à la mort de
Louis XVI

c' est Louis XVIII et divers retour des royalistes entre les différentes républiques contribuèrent aà installer un régime républicains sans qu' on puisse réellement démocrate

A bien des égard le système présidentiel actuel est le fruit de la royauté , Président irresponsable devant l' assemblée ,

dans une
sphère
différente de l'
assemblées
vient du
royaliste
toujours

présent et actif en France ave une branche légitimiste à louis XVI et ceux issus de l' empereur Napoléon

qui anoblit
nombre de
ses
grognards

Printed in Great Britain
by Amazon